Flat Tax !
Usare con cautela

ANTONIO DECANO

FLAT TAX ! USARE CON CAUTELA

Copyright © 2022 Antonio Decano

Tutti i diritti riservati.

Codice ISBN: **9798849401607**

DEDICA

Dedico questo lavoro alla mia splendida famiglia. Ai piccoli Simone e Anna che mi rilassano con pomeriggi e serate spese all'insegna dei giochi e ad Emanuela che da anni mi supporta e mi sopporta con i miei progetti e le mie passioni.

FLAT TAX ! USARE CON CAUTELA

CONTENUTI

	Ringraziamenti	pag 1
	Prefazione	pag. 2
	Introduzione	pag. 4
1	Analisi dei dati reddituali ISTAT (anno 2020)	pag. 6
2	Sistema di prelievo IRPEF attuale (o progressivo)	pag. 18
3	Proposte di Flat Tax	pag. 26
4	Confronto fra Sistema di tassazione progressivo e flat tax	pag. 37
5	Possibili altre alternative	pag. 55
6	Conclusioni	pag. 59
	Bibbliografia	pag. 62

RINGRAZIAMENTI

Ringrazio ognuno di voi che avrà voglia di arrivare fino in fondo alla lettura del libro.

PREFAZIONE

Il presente testo non vuole essere un sostituto a manuali e scritti in materia economica e di pianificazione della politica fiscale. Vuole essere, invece, solo una semplice riflessione di un cittadino appassionato di materie economiche in merito ad un tema che ci tocca dal vivo ogni anno nel momento di compilare la famosa dichiarazione 730, ovvero il prelievo fiscale che viene fatto sui nostri redditi.

Da semplice appassionato ho voluto condividere qualche riflessione sul sistema fiscale progressivo (ovvero quello attualmente in uso con le aliquote che salgono al salire del reddito del contribuente) e sul più volte sbandierato sistema Flat Tax con due aliquote, una alternativa all'altra, di 15% e 23%. Molti politici ed economisti ritengono che il tema dell'aggiornamento del sistema fiscale sia una priorità per il futuro. Di certo è un argomento importante che prima o poi dovrà essere affrontato. Infatti l'attuale sistema di prelievo fiscale impatta significativamente sulla capacità di spesa del contribuente... il contribuente, almeno quello onesto, vorrebbe avere qualche soldo in più in tasca per effettuare acquisti ed investimenti e una riduzione delle aliquote fiscali gli permetterebbe di fare queste operazioni. Un'altra argomentazione è il fatto che anche le imprese devono versare all'erario una quota significativa per la tassazione sia dei redditi di impresa che dei redditi dei loro dipendenti. E questo sommato a una incessante burocrazia e non perfetta concorrenza che c'è sul mercato italiano scoraggia anche le imprese estere ad investire in Italia. Le uniche operazioni che provengono dall'estero in questo momento sono acquisti (o anche tentativi di acquisto) di asset aziendali italiani da grosse corporations e fondi di private equity con tutto quello che ne consegue.

L'Italia vive ormai da tanto tempo una fase delicata da un punto di vista sociale ed economico legato un po' ai problemi che abbiamo ereditato dal passato come sistema paese e un po' a crisi varie: immobiliare USA, austerity e pandemia. Da Settembre sarà necessario che i nostri "eroi" della politica siano pronti ad affrontare insieme e di comune accordo i temi che dovranno rinnovare i settori più impellenti d'Italia: energia, istruzione, digitalizzazione, industria, competitività, politica fiscale e monetaria. Vi lascio con questo augurio.

Vi auguro una buona lettura !

I commenti sia positivi che negativi, critiche e lamentele potete inoltrarmeli direttamente via social (sono su Facebook, Instagram, Twitter e Linkedin) o anche una mail a decano2000@tiscali.it.

INTRODUZIONE

20 Luglio 2022 al Parlamento Italiano si è consumato l'ennesimo teatrino che ha portato alla fine di un governo. Nel caso specifico stiamo parlando del governo Draghi. Il governo Draghi è caduto per i soliti giochetti di palazzo che si fanno ormai da diversi decenni. In aula erano presenti 192 senatori per il voto di fiducia. Di questi 133 erano votanti: 95 favorevoli e 38 contrari. A questo punto era chiaro che l'assenza di gran parte dell'aula ha portato alla fine dell'esecutivo. Il ministro Giorgetti a tal proposito si è espresso affermando che è stato "Un governo che cade senza che il parlamento abbia la forza di votare contro". Il governo Draghi è arrivato a seguito dei fallimenti dei governi Conte I e Conte II.

Alla fine del Conte II era necessario trovare una figura di forte spessore che potesse guidare un esecutivo tanto fragile, che aveva collezionato una serie di errori nella gestione dell'emergenza Covid e aveva avuto un serio impatto da un punto di vista sanitario ed economico. E appunto per gestire queste due emergenze era stato chiamato Mario Draghi per via della sua esperienza ed autorevolezza (ma penso sia legato anche alla sua credibilità internazionale). Un curriculum di tutto rispetto caratterizzato da un percorso formativo dapprima all'Università degli studi di Roma "La Sapienza" e al Massachusetts Institute of Technology, poi a lavorare in Goldman Sachs, Banca d'Italia e Banca Centrale Europea. Il suo arrivo al Parlamento Italiano è stato salutato con entusiasmo da tutte le forze politiche.

Il 25 Settembre 2022 sarà la data delle nuove elezioni per definire le forze politiche che andranno a rappresentare il nuovo esecutivo. Ogni partito (o fazione politica) dopo il 20 di Luglio ha iniziato a cercare alleanze e ad elaborare un programma con proposte per l'elettorato. Da un lato il PD sta riunendo le forze di centro-sinistra, al lato opposto il trio Berlusconi-Meloni-Salvini sta creando un forte centro-destra, Calenda e Renzi si propongono come il terzo polo alternativo a tutti, il M5S sembra voglia andare da solo. Da una parte il centro-sinistra che riesce a fare delle alleanze poco fattibili e che non riesce più a dialogare con i diversi settori delle nostra società, dall'altra un centro-destra nazionalista che fa leva su un populismo radicato all'interno della nazione e che è conseguenza di una cattiva gestione delle politiche sia per i flussi migratori provenienti dal nord Africa e sia per la sicurezza nelle strade. In questo momento storico forse il centro-destra riesce a proporsi meglio rispetto ai suoi avversari per le ragioni appena esposte. I programmi si stanno definendo e devo dire che ogni coalizione sta puntando su nuovi e vecchi cavalli di battaglia. Tra queste idee c'è chi già prepara il terreno per l'introduzione di una Flat Tax per il prelievo sui redditi. Beh vediamo cosa succede se ci teniamo il sistema di prelievo attuale o se ci inoltriamo in un sistema con aliquota fissa.

Antonio Decano

1 ANALISI DEI DATI REDDITUALI ISTAT (ANNO 2020)

FLAT TAX ! USARE CON CAUTELA

Prima di procedere con qualsiasi riflessione in merito ai vari sistemi di prelievo fiscale, già in essere e/o proposti dai partiti politici in campagna elettorale è necessario fare una breve review dei dati reddituali che interessano la popolazione italiana. A tale proposito ho prelevato dei dati presenti all'interno del database dell'istituto di statistica italiano (ISTAT - http://dati.istat.it/).

Personalmente ci tengo a sottolineare alcune cose:

- Il database ISTAT è la fonte di dati ufficiali tra le più autorevoli e accurata;
- In molti casi fa riferimento ai dati dei contribuenti aggiornati fino a due anni precedenti (in questo caso è stato possibile prelevare i dati relativi al 2020 ma ritengo che siano comunque rappresentativi della situazione economica nazionale poiché il 2020 è l'anno in cui eravamo in piena pandemia e gli anni appena successivi in termini di dati reddituali si può ipotizzare che non siano stati diversi in quanto non ci sono stati aumenti contrattuali dichiarati);
- E' il data base da cui normalmente si prelevano i dati per fare delle analisi previsionali a livello economico.

Ho lasciato il link al database ISTAT nel testo in modo che il lettore possa in autonomia fare valutazioni e diverse speculazioni del caso sui dati presenti in archivio. Prima di presentare le tabelle elaborate nei paragrafi successivi vorrei elencare le caratteristiche dei dati analizzati in modo da rendere agevole la lettura delle tabelle e dei grafici visualizzati.

In particolar modo nelle tabelle si ritroveranno:

FLAT TAX ! USARE CON CAUTELA

1. **Tipo di dato presente in ogni casella.** E' Il reddito complessivo dato dalla somma dei redditi lordi (es. fabbricati, lavoro dipendente, pensione, lavoro autonomo, ecc.) ed è espresso in euro €

2. **Classe di importo.** E' la fascia reddituale analizzata. In particolare sono presenti 7 fasce reddituali per classificare i dati:

   - FASCIA 1. Reddito compreso nell'intervallo 0 -10.000 €;
   - FASCIA 2. Reddito compreso nell'intervallo 10.000 -15.000 €;
   - FASCIA 3. Reddito compreso nell'intervallo 15.000 -26.000 €;
   - FASCIA 4. Reddito compreso nell'intervallo 26.000 -55.000 €;
   - FASCIA 5. Reddito compreso nell'intervallo 55.000 -75.000 €;
   - FASCIA 6. Reddito compreso nell'intervallo 75.000 -120.000 €;
   - FASCIA 7. Reddito oltre i 120.000 €.

3. **Territorio.** E' l'area per la quale l'analisi è circoscritta (nel nostro caso potrà essere l'Italia, o una singola regione).

FLAT TAX ! USARE CON CAUTELA

Tipo dato	reddito per classi di importo							
Seleziona anno di imposta				2020				
Classe di importo	minore o uguale a 0 euro	0 - 10.000 euro	10.000 - 15.000 euro	15.000 - 26.000 euro	26.000 - 55.000 euro	55.000 - 75.000 euro	75.000 - 120.000 euro	120.000 euro e più
Territorio	1986654	3198621	13539505	15740734	2815629	1902957	5960068	
Agliè	0	2556539	3949986	19538938	21603424	2849835	1862481	1286985
Airasca	0	374967	618002	2281473	2523640	440536	464774	
Ala di Stura	0	1190453	2479535	9222312	8931300	962713	1809191	1374444
Albiano d'Ivrea	0	4122264	6197783	30042837	50336115	9557006	12531964	11723571
Almese	0	259148	229843	1258176	1867450	268584	0	
Alpette	0	11906604	17809805	88423033	111503005	16457544	15005590	13012884
Alpignano	0	1309982	2572692	10170514	12543691	1923649	1547025	13556606
Andezeno	0	340597	449388	2563448	2433260	492758	322769	
Andrate	0	874429	894601	3675071	3422690	551972	665089	
Angrogna								
Arignano								

Figura 1 Esempio di estrazione dati reddituali

Fig 1 riporta un esempio della tabella che ISTAT ci presenta nel momento in cui si vanno ad analizzare i dati reddituali di uno specifico territorio italiano. In particolare è stata evidenziata una casella con un riquadro rosso. La casella evidenziata ci dice che nel comune di Agliè (in Piemonte) la somma di tutti i redditi dei contribuenti che si trovano nella fascia di reddito fra 0 € e 10.000 € è pari a 1.986.654 € (quasi 2 milioni di euro…). Questa fascia si potrebbe considerare che siano i contribuenti più deboli e che sono poveri. Allo stesso modo la casella evidenziata con il riquadro in verde ci dirà che la somma dei redditi di tutti i contribuenti che percepiscono più di 120.000 € è pari 5.960.068 € (quasi 6 milioni di euro…). Questa fascia si potrebbe considerare che siano i contribuenti più ricchi. Il riquadro in giallo riporta le somme dei redditi di tutti i contribuenti che stanno in una fascia intermedia in cui si trovano operai, capi reparto, neo assunti, impiegati e middle managers. Se facciamo la somma si ottiene circa 32.478.860 € (o meglio 32 milioni di euro).

Il riquadro blu evidenzia invece la somma dei redditi di tutti i contribuenti che stanno in una fascia appena sotto a quella ricca. Molto probabilmente in questa fascia ritroviamo impiegati senior, quadri, dirigenti. Ripetendo i calcoli anche per questa fascia si ottiene 4.718.586 € (quasi 5 milioni di euro). L'analisi dei dati mostra che sicuramente ad Agliè (o nella aree limitrofe) è presente un polo produttivo in cui sono impiegate molte persone tra operai, impiegati e dirigenti. Vista la presenza della fascia dei ricchi è probabile che siano i locali industriali. Purtroppo sono presenti anche contribuenti meno abbienti che hanno il loro peso. Bisognerebbe incrociare tali dati con i dati del database INPS per capire quale è la situazione economico-sociale di Agliè.

Questo è solo un esempio di analisi che può essere ripetuta per qualsiasi comune presente in Italia. Nei prossimi paragrafi vengono presentate due analisi in merito al reddito. La prima presenta i dati cumulati dell'intera nazione e suddivisi per classi di importo (ovvero le fasce reddituali viste in elenco sopra). La seconda presenta i dati cumulati relativi ad ogni singola regione e suddivisi per classi di importo.

1.1 Analisi cumulativa nazionale

Procediamo ora a capire di che cifre si parla quando affrontiamo il tema del reddito imponibile di tutti contribuenti italiani. In questo paragrafo il topic sarà quello di visualizzare appunto il cumulativo dei redditi di tutti contribuenti su scala nazionale e suddiviso per fasce di reddito.

	REDDITO IMPONIBILE (ISTAT Anno 2020)						
	0 - 10.000 €	10.000 - 15.000 €	15.000 - 26.000 €	26.000 - 55.000 €	55.000 - 75.000 €	75.000 - 120.000 €	120.000 € e più
ITALIA (Miliardi €)	55	67	243	312	56	62	69
TOTALE (Miliardi €)	864						

Figura 2 Dati reddituali nazionali

Fig 2 mostra quello che è il reddito di tutti i contribuenti a livello nazionale. In particolar modo la tabella ci dice che:

1. la somma di tutti i redditi dei contribuenti che appartengono alla FASCIA 1 (con reddito tra 0 e 10.000 €) ha una reddito cumulato pari a 55 miliardi di euro;
2. la somma di tutti i redditi dei contribuenti che appartengono alla FASCIA 2 (con reddito tra 10.000 € - 15.000 €) ha una reddito cumulato pari a 67 miliardi di euro;
3. la somma di tutti i redditi dei contribuenti che appartengono alla FASCIA 3 (con reddito tra 15.000 € - 26.000 €) ha una reddito cumulato pari a 243 miliardi di euro;
4. la somma di tutti i redditi dei contribuenti che appartengono alla FASCIA 4 (con reddito tra 26.000 € e 55.000 €) ha una reddito cumulato pari a 312 miliardi di euro;
5. la somma di tutti i redditi dei contribuenti che appartengono alla

FASCIA 5 (con reddito tra 55.000 € e 75.000 €) ha una reddito cumulato pari a 56 miliardi di euro;

6. la somma di tutti i redditi dei contribuenti che appartengono alla FASCIA 6 (con reddito tra 75.000 € e 120.000 €) ha una reddito cumulato pari a 62 miliardi di euro;

7. la somma di tutti i redditi dei contribuenti che appartengono alla FASCIA 7 (con reddito oltre i 120.000 €) ha una reddito cumulato pari a 69 miliardi di euro;

A questo punto se si sommano i redditi di tutte le fasce dovremmo ottenere l'intero reddito imponibile dei contribuenti italiani. Per l'anno 2020 è stato pari a 864 miliardi di euro. Osservando i dati in tabella è possibile notare che circa il 64% del reddito nazionale è localizzato nelle fasce 3 e 4. Il restante 36% è reddito distribuito nella altre 5 fasce. Le fasce 3 e 4 hanno un'aliquota fiscale di circa il 25% che su un imponibile delle due fasce di 555 miliardi significa un gettito fiscale pari a 138 miliardi di euro. La fascia 7 che è la più ricca ha un'aliquota fiscale pari al 43% e di conseguenza contribuisce con un gettito fiscale pari a 30 miliardi.

Figura 3 Distribuzione reddito nazionale

Fig 3 mostra graficamente come si distribuisce il reddito imponibile nazionale. Mette appunto in evidenza le considerazioni fatte precedentemente, ovvero che le fasce centrali detengono il maggior valore cumulato. Ciò non significa che il singolo contribuente appartenente a questa fascia è multimilionario... se il lettore si ricorda le fasce 3 e 4 sono i redditi che vanno da 15.000 € a 55.000 €.

1.2 Analisi differenziata per regione

Vediamo ora cosa compare quando si effettua una suddivisione del reddito per ogni regione e per ogni fascia reddituale.

FLAT TAX ! USARE CON CAUTELA

REDDITO IMPONIBILE (ISTAT Anno 2020) - espresso in miliardi di euro

	0 - 10.000 €	10.000 - 15.000 €	15.000 - 26.000 €	26.000 - 55.000 €	55.000 - 75.000 €	75.000 - 120.000 €	120.000 € e più	Cumulativo regionale
Piemonte	3,40	4,86	21,40	26,30	4,50	4,95	5,39	70,80
Valle d'Aosta	0,10	0,16	0,61	0,86	0,13	0,15	0,13	2,12
Liguria	1,48	1,82	6,72	9,82	1,79	1,94	1,95	25,51
Lombardia	7,65	10,52	47,26	64,25	13,58	14,66	21,92	179,84
Prov. Bolzano	0,48	0,63	2,35	4,27	0,73	0,77	1,14	10,37
Prov. Trento	0,48	0,67	2,76	3,60	0,56	0,65	0,60	9,32
Veneto	4,06	5,83	24,95	28,30	4,96	5,43	6,45	79,98
Friuli-Venezia	0,98	1,44	6,33	7,88	1,29	1,38	1,25	20,55
Emilia-Romagna	3,50	5,25	22,81	29,17	5,44	5,75	6,47	78,39
Toscana	3,34	4,55	17,48	20,74	3,77	4,09	4,29	58,26
Umbria	0,79	1,12	4,08	4,40	0,70	0,79	0,64	12,52
Marche	1,42	2,06	7,48	7,34	1,25	1,33	1,29	22,17
Lazio	5,26	6,90	19,05	33,29	7,05	8,24	9,42	89,21
Abruzzo	1,34	1,61	5,17	5,74	0,85	0,88	0,72	16,31
Molise	0,35	0,38	1,06	1,18	0,14	0,17	0,09	3,36
Campania	5,80	5,47	15,01	19,39	2,94	3,36	2,67	54,64
Puglia	4,42	4,91	12,61	14,43	2,01	2,30	1,58	42,26
Basilicata	0,63	0,72	1,98	2,03	0,25	0,28	0,18	6,07
Calabria	2,43	2,06	5,10	5,84	0,77	0,87	0,42	17,49
Sicilia	5,17	5,40	12,88	16,35	2,57	2,83	1,72	46,92
Sardegna	1,68	1,87	5,87	6,62	1,02	1,11	0,63	18,80
TOTALE	55	68	243	312	56	62	69	

Figura 4

Fig 4 mostra il reddito imponibile presente in ogni regione e suddiviso per fascia di reddito. La riga con dicitura TOTALE riporta il dato cumulativo visto in Fig 2. La colonna Cumulativo regionale (ovvero l'ultima colonna) riporta il reddito imponibile totale relativo ad ogni regione. E' un dato utile che permette di evidenziare le regioni più performanti d'Italia. Infatti risaltano in ordine di capacità contributiva Lombardia, Lazio, Veneto, Emilia-Romagna e Piemonte. Sono le 5 regioni che da sole fanno il 58% del reddito imponibile nazionale e di conseguenza sono le regioni che generano anche il maggior gettito fiscale. L'infografica di Fig 5 mostra come è distribuito il reddito sull'intero territorio nazionale. In ogni regione è riportato un cerchio di colore blu e la sua ampiezza indica, in proporzione, quanto pesa sul reddito totale nazionale.

Figura 5

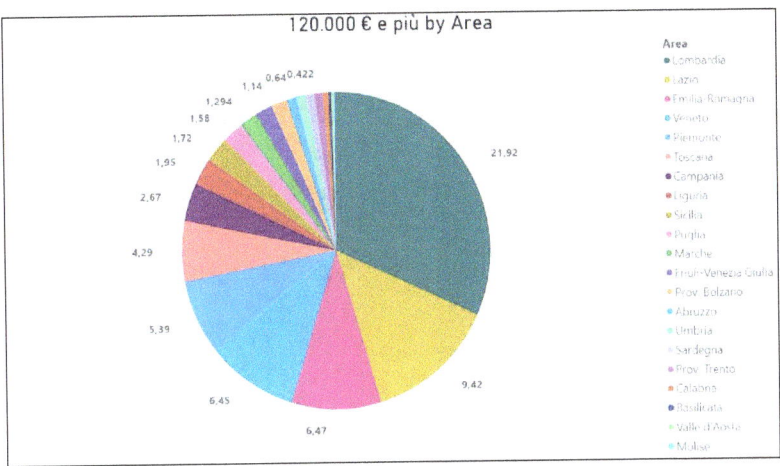

Figura 6

L'infografica di Fig 6 mostra la classifica dei super ricchi presenti in tutte le regioni. Come è possibile vedere essi sono localizzati nelle 5 regioni più performanti. Dopo aver analizzato in che modo è distribuito il reddito nazionale e all'interno di ogni singola regione si può passare a trattare in maniera più ampia i sistemi di prelievo fiscale.

2 SISTEMA DI PRELIEVO IRPEF ATTUALE (O PROGRESSIVO)

Il sistema di prelievo fiscale attualmente in vigore è il metodo progressivo che è sancito dall'articolo 53 della Costituzione Italiana. Ovvero esistono diverse aliquote contributive che variano in base alla fascia di reddito. Siccome è un sistema progressivo le fasce con redditi più bassi avranno un'aliquota più bassa. Il valore dell'aliquota sale al crescere della fascia di reddito. Quindi il concetto che meglio esprime il sistema in vigore è "**più guadagni e più paghi**". Nel suo complesso il sistema di prelievo progressivo è quello che dovrebbe garantire una certa equità tra contribuenti. Infatti permette ai contribuenti meno abbienti di poter avere a disposizione più reddito netto a disposizione, permette allo Stato di avere un prelievo maggiore dai redditi più alti da investire nella spesa pubblica a sostegno per esempio di progetti di supporto alle famiglie povere e/o progetti di potenziamento della sanità pubblica. Ad ogni modo in seguito sarà fatto un confronto con il sistema Flat Tax proposta dal centro-destra per capire quale dei due sistemi garantisca effettivamente una equità contributiva. Sarà possibile riflettere sul fatto che possa esistere anche un sistema alternativo e a quello progressivo e a quello flat tax.

2.1 Definizione delle aliquote

https://www.fiscoetasse.com/rassegna-stampa/31585-irpef-2022-ecco-le-nuove-aliquote-e-le-detrazioni-per-categoria-di-reddito.html

Al link sopra è possibile visualizzare le tabelle relative a scaglioni contributivi e detrazioni conseguenti suddivise per fasce di reddito. Per semplicità ho riportato in Fig 7 la tabella delle aliquote contributive.

FLAT TAX ! USARE CON CAUTELA

Scaglioni IRPEF 2022	Aliquota IRPEF 2022
fino a 15.000 euro	23%
da 15.001 fino a 28.000 euro	25%
da 28.000 fino a 50.000 euro	35%
da 50.000 in poi	43%

Figura 7

L'Agenzia delle Entrate (https://www.agenziaentrate.gov.it/portale/imposta-sul-reddito-delle-persone-fisiche-irpef-/aliquote-e-calcolo-dell-irpef) riporta il testo del TUIR, la legge di bilancio 2022 e le specifiche circolari in cui definisce la metodologia di calcolo dell'imposta e che per semplicità ho riportato di seguito:

A. per i redditi fino a 15.000 € l'aliquota è pari al 23% . Di conseguenza un contribuente con reddito pari a 10.000 € pagherà all'erario 2.300 €, mentre un contribuente con reddito di 15.000 € verserà all'erario 3.450 €;

B. per i redditi da 15.001 € e 28.000 € l'aliquota è pari al 25%. La regola vuole che l'imposta da pagare sarà pari 3.450 € + il 25% della differenza tra il reddito imponibile del contribuente e 15.000 €. Di conseguenza un contribuente con un reddito pari a 20.000 € dovrà versare all'erario 3.450 € + (20.000 - 15.000) x 25% per un totale di 4.700 € (ovvero 3.450 € + 1.250 €);

C. per i redditi da 28.001 € e 50.000 € l'aliquota è pari al 35%. La regola vuole che l'imposta da pagare sarà pari 3.450 € + 3.250 € + il 35% della differenza tra il reddito imponibile del contribuente e 28.000 €. Di conseguenza un contribuente con un reddito pari a 35.000 € dovrà versare all'erario 3.450 € + 3.250 € + (35.000 - 28.000) x 35% per un totale di 9.150 € (ovvero 3.450 € + 3.250 € + 2.450€);

D. per i redditi da 50.000 € in su l'aliquota è pari al 43%. La regola vuole che l'imposta da pagare sarà pari 3.450 € + 3.250 € + 7.700 € + il 43% della differenza tra il reddito imponibile del contribuente e 50.000 €. Di conseguenza un contribuente con un reddito pari a 75.000 € dovrà versare all'erario 3.450 € + 3.250 € + 7.700 € + (75.000 - 50.000) x 43% per un totale di 25.150 € (ovvero 3.450 € + 3.250 € + 7.700€ + 10.750 €)

2.2 Esempi di calcolo della tassazione

Faremo ora 3 esempi di calcolo dell'imposta usando differenti redditi imponibili. In particolar modo mi vorrei soffermare su un reddito basso (7.000 €), uno medio (30.000 €) e un reddito alto (200.000 €).

ESEMPIO 1. Il primo esempio si basa su una base imponibile di 7.000 €. In base alla metodologia di calcolo specificata dall'agenzia delle entrate, il calcolo sarà impostato come in Fig 8. La prima voce è rappresentata dal reddito imponibile (riga I) che andrà tassato con l'aliquota dello scaglione di appartenenza.

I. Reddito imponibile	7.000 €
II. imposta scaglione/i prec.	0
III. aliquota	23%
IV. imposta di fascia	1.610 €
V. Imposta totale	1.610 €
VI. Reddito netto	5.390 €

Figura 8

Il reddito imponibile indicato appartiene alla fascia 1 (vedi tabella in Fig 7). Questo scaglione prevede di usare un'aliquota del 23% sull'imponibile. Di conseguenza non esiste una imposta relativo allo scaglione precedente (riga II non viene usata ma vedremo che negli altri esempi in cui ci sono redditi appartenenti a fasce superiori questa casella conterrà un valore. Normalmente il valore imposta scaglione/i prec. viene determinato in base alle indicazioni viste ai punti A, B, C e D della metodologia di calcolo dell'imposta). La riga III riporta l'aliquota da usare. La riga IV riporta il valore dell'imposta calcolata moltiplicando l'aliquota del 23% per il reddito imponibile. Il rigo V riporta a questo punto l'imposta totale che il contribuente dovrà versare all'erario. La riga VI riporta il reddito netto che si ottiene sottraendo l'imposta totale (rigo V) al reddito imponibile (rigo I).

ESEMPIO 2. Il secondo esempio si basa su una base imponibile di 30.000 €. In base alla metodologia di calcolo specificata dall'agenzia delle entrate, il calcolo sarà impostato come in Fig 9. La prima voce è rappresentata dal reddito imponibile (riga I) che andrà tassato con l'aliquota dello scaglione di appartenenza.

I.	Reddito imponibile	30.000 €
II.	imposta scaglione/i prec.	6700
III.	aliquota	35%
IV.	imposta di fascia	700 €
V.	Imposta totale	7.400 €
VI.	Reddito netto	22.600 €

Figura 9

Il reddito imponibile indicato appartiene alla fascia 3 (vedi tabella in Fig 7). Questo scaglione prevede di usare un'aliquota del 35%. Esiste in questo caso una imposta che deriva dagli scaglioni precedenti (il valore di riga II viene determinato in base alle indicazioni viste ai punti A, B, C e D della metodologia di calcolo dell'imposta. Di conseguenza l'imposta dei due scaglioni precedenti si ricava dal punto C ed è pari a 6.700 € (ovvero 3.450 € + 3.250 €). La riga III riporta l'aliquota da usare. La riga IV riporta il valore dell'imposta calcolata moltiplicando l'aliquota del 35% per la differenza tra reddito imponibile e 28.000 €. Il rigo V riporta a questo punto l'imposta totale che il contribuente dovrà versare all'erario che è pari a 7.400 €. La riga VI riporta il reddito netto che si ottiene sottraendo l'imposta totale (rigo V) al reddito imponibile (rigo I).

ESEMPIO 3. Il terzo esempio si basa su una base imponibile di 200.000 €. In base alla metodologia di calcolo specificata dall'agenzia delle entrate, il calcolo sarà impostato come in Fig 10. La prima voce è rappresentata dal reddito imponibile (riga I) che andrà tassato con l'aliquota dello scaglione di appartenenza.

I.	Reddito imponibile	200.000 €
II.	imposta scaglione/i prec.	14400
III.	aliquota	43%
IV.	imposta di fascia	64.500 €
V.	**Imposta totale**	**78.900 €**
VI.	**Reddito netto**	**121.100 €**

Figura 10

Il reddito imponibile indicato appartiene alla fascia 4 (vedi tabella in Fig 7). Questo scaglione prevede di usare un'aliquota del 43%. Esiste in questo caso una imposta che deriva dagli scaglioni precedenti (il valore di riga II viene determinato in base alle indicazioni viste ai punti A, B, C e D della metodologia di calcolo dell'imposta. Di conseguenza l'imposta dei tre scaglioni precedenti si ricava dal punto D ed è pari a 14.400 € (ovvero 3.450 € + 3.250 € +7.700€). La riga III riporta l'aliquota da usare. La riga IV riporta il valore dell'imposta calcolata moltiplicando l'aliquota del 43% per la differenza tra reddito imponibile e 50.000 €. Il rigo V riporta a questo punto l'imposta totale che il contribuente dovrà versare all'erario che è pari a 78.900 €. La riga VI riporta il reddito netto che si ottiene sottraendo l'imposta totale (rigo V) al reddito imponibile (rigo I).

Possiamo fare un rapido raffronto tra i 3 esempi e vedere quale è il peso effettivo dell'imposta versata sul reddito imponibile. Dividendo il valore alla riga V per quello alla riga I si ottiene una indicazione della aliquota effettivamente versata all'erario. La progressività del sistema di prelievo ha fatto sì che per il reddito da 7.000€ ci fosse una aliquota reale del 23%, per quello da 30.000€ una aliquota reale del 25% e infine per il reddito più alto una aliquota effettiva del 39%.

		Esempio 1	Esempio 2	Esempio 3
I.	Reddito imponibile	7.000 €	30.000 €	200.000 €
II.	imposta scaglione/i prec.	0	6700	14400
III.	aliquota	23%	35%	43%
IV.	imposta di fascia	1.610 €	700 €	64.500 €
V.	Imposta totale	1.610 €	7.400 €	78.900 €
VI.	Reddito netto	5.390 €	22.600 €	121.100 €
	Aliquota reale	23%	25%	39%

Figura 11

Come è stato visto il sistema progressivo permette di adeguare l'aliquota di prelievo al variare del reddito imponibile. Va fatta un'ultima considerazione. L'imposta appena calcolata prende il nome di imposta lorda. Lorda perché per particolari fasce di reddito potrebbe essere ridotta da un secondo fattore: le detrazioni. Il TUIR riporta anche le aliquote per il calcolo di eventuali detrazioni. Le detrazioni sono un modo per ridurre il carico fiscale per redditi più bassi e il loro calcolo dipende da diversi fattori (reddito, situazione familiare ecc). Il valore delle detrazioni va a ridurre l'imposta lorda. Alla fine si ottiene la cosiddetta imposta netta che è quella da versare all'erario. In ogni modo nel libro non ci addentreremo nel calcolo delle detrazioni per una questione di semplicità di esposizione dei concetti.

3 PROPOSTE DI FLAT TAX

In scienze di finanza la Flat Tax è un sistema fiscale non progressivo che si basa sulla applicazione di una sola aliquota contributiva. Questo sistema di tassazione fu ideato per la prima volta dall'economista Milton Friedman nel 1956. Esempi di Flat Tax sono presenti in epoche remote, se ne parla nel Levitico del 1200 a.C. Il sistema ad aliquota fissa nel passato era la forma più semplice per eseguire un prelievo fiscale. Di recente nell'anno 2000 è stato richiesto l'utilizzo della flat tax in diversi paesi del mondo tra cui Stati Uniti [1] e Europa dell'est [2][3]. Altri paesi come Estonia, Lettonia e Lituania hanno adottato rispettivamente le aliquote fisse di 24%, 25%, 33% già a partire dagli anni 90. In Russia è stata introdotta l'aliquota fissa del 13%. Nel 2003 è stata la volta dell'Ucraina che ha fissato una flat tax al 13% che poi ha alzato al 15% nel 2007. La Romania ha la tassa fissa al 16%. Albania e Bulgaria a partire dal 2008 hanno adottato una flat tax pari al 10%. Come è possibile capire l'Europa dell'est è l'area con maggior presenza di Stati che hanno adottato la flat tax. Il motivo è legato a questioni di tipo politico-sociali all'indomani della caduta del muro di Berlino. Infatti i paesi dell'Est Europa stavano allontanandosi dalla visione marxista-socialista per abbracciare una visione più liberista. Quindi avere un sistema di fiscalità progressivo avrebbe riecheggiato nella mente dei contribuenti ancora lo spettro del socialismo-marxista che loro cercavano di allontanare. In ogni caso uno studio della BCE[4] e del FMI[5] mostrano che l'introduzione di una aliquota fissa non è sufficiente a semplificare il sistema fiscale di un paese e che bisogna accompagnarla con delle riforme strutturali per compensarne gli effetti che comporta sul gettito fiscale. Infatti una flat tax unica può ridurre il peso fiscale sul contribuente ma questa riduzione di gettito fiscale va controbilanciata necessariamente per preservare la tenuta economica di un paese. L'introduzione di una flat tax di sicuro va valutata in dipendenza della capacità economica e dagli investimenti storici di un paese.

Infatti:

- se un paese nel corso della storia ha realizzato degli investimenti mirati in asset altamente redditizi (es. start up che poi si sono rivelate degli "unicorni" avendone mantenuto il controllo, sviluppo di centrali energetiche, controllo di aziende del settore tecnologico ecc) ha un significativo cash flow che in parte può mitigare gli effetti di una riduzione del prelievo fiscale sui redditi dei contribuenti;

- se un paese non ha asset altamente redditizi ma ha ridotto fortemente il proprio debito a seguito di politiche di austerity, può pensare di finanziare con ulteriore debito il mancato prelievo fiscale senza gravare nel breve periodo sui contribuenti e finanziare progetti di lungo periodo per garantirsi delle entrate future;

- se un paese non ha asset altamente redditizi ed è fortemente indebitato potrebbe valutare di inserire comunque la flat tax ma di certo dovrebbe elaborare una nuova tassa nel breve periodo per compensare il mancato prelievo sui redditi. Operazioni di lungo periodo sono limitate dal forte debito.

E in Italia ? Cosa si sta proponendo in questa campagna elettorale che terminerà il 25 di Settembre ? E cosa è stato proposto in passato per semplificare il sistema fiscale ?

In Italia attualmente l'unico esempio di flat tax è la tassa fissa applicata ai lavoratori autonomi che usufruiscono del regime forfettario (fissata al 5% per i primi 5 anni di vita di una nuova azienda, 15% negli altri casi fino ad un reddito max di 65.000 €). Le prime proposte di flat tax arrivano da Silvio Berlusconi nel 1994, con l'introduzione di un'aliquota del 33% (prevedendo una no-tax area per i più poveri) al posto del sistema progressivo, ma la promessa non fu mai mantenuta nei successivi anni in cui il centrodestra governò con ampia maggioranza. Nel 2005 i Radicali Italiani di Marco Pannella proposero l'idea di una flat tax al 20%. Nel 2008 è stata la volta di La Destra - Fiamma Tricolore, guidata da Daniela Santanchè, che propose di introdurre una flat tax sul reddito al 20%, comune a persone fisiche e giuridiche. La discussione di tale proposta fu rinviata per dare la precedenza alle modifiche del IRES.Nel 2012 il Popolo della Libertà predispose uno studio per lanciare l'idea di una flat tax al 23%. Allo studio hanno contribuito l'economista Emanuele Canegrati[6] e il Kurt Leube (Stanford University). La proposta prevedeva l'introduzione di una tassa al 23%, che poteva scendere fin sotto la soglia del 20% nel caso di recupero di evasione fiscale e con una detrazione elevata garantita a tutti gli individui con incremento proporzionale al numero delle persone a carico, fino a raggiungere, per famiglie con oltre 4 figli il livello di 21.000 Euro. Nel 2014 anche Matteo Salvini, segretario della Lega Nord, si è più volte espresso a favore della flat tax fino a sostenere ufficialmente la riforma con aliquota al 15% proposta dal Partito Italia Nuova. I leader dei due partiti hanno tenuto un convegno sul tema il 13 dicembre 2014 a Milano, con la partecipazione del prof. Rabushka[7]. In occasione della campagna elettorale del 4 marzo 2018 la coalizione di centro destra, con Berlusconi e Salvini, hanno proposto l'introduzione di una flat tax. Il primo ha proposto una aliquota al 23% mentre il secondo una aliquota del 15%.

Di seguito vengono proposti alcuni vantaggi e svantaggi del sistema flat tax.

FLAT TAX ! USARE CON CAUTELA

Vantaggi della Flat Tax:

- rendere il sistema economico più efficiente nel lungo periodo con conseguente risparmio per i contribuenti e possibilità d'investimento maggiori. E' vero! Nel lungo periodo il sistema economico potrebbe essere più efficiente ma non tutti i contribuenti godrebbero di una maggiore defiscalizzazione e questo poiché il risparmio maggiore lo avrebbero i redditi imponibili più alti;
- implementazione dell'offerta di lavoro e la convenienza a produrre, creando dunque una ricchezza istantanea (vedi lo studio fatto da Yokote e Casajus) [8];
- disincentivazione all'evasione fiscale dovuto all'abbassamento del carico fiscale[9];
- semplificazione burocratica grazie al fatto che vengono a mancare le voci per detrazioni e deduzioni;
- incentivazione ad un onshore aziendale dovuto alla bassa pressione fiscale[10].

Svantaggi della Flat Tax:

- la Flat Tax senza correttivi è anti costituzionale. Infatti manca del principio di equità e uguaglianza per contribuenti che hanno redditi differenti;
- la Flat Tax diminuisce la pressione fiscale solo nel caso in cui l'aliquota unica sia fissata ad un livello non troppo elevato. Crea vantaggi solo per coloro che vantano una base imponibile alta,

sarebbe indifferente per i redditi medi, dannosa per chi versa in situazioni di indigenza;
- un'aliquota bassa comporta una perdita di gettito dello Stato, meno finanziamenti per coprire il fabbisogno statale e finanziare le spese sociali e i servizi pubblici essenziali;
- non è dimostrato con certezza il rapporto di causalità fra diminuzione della pressione fiscale e disincentivo all'evasione

A questo punto vediamo in cosa consiste a livello di calcolo delle imposte la Flat Tax e cerchiamo di capirlo anche con degli esempi.

3.1 Descrizione metodologia di tassazione

Il modo di calcolare il livello di tassazione con il sistema Flat Tax è molto semplice. Stabilita l'aliquota A (espressa in percentuale) la si moltiplica per l'imponibile reddituale e si ottiene il valore monetario da versare all'erario. In questo momento diversi rappresentanti della politica italiana propongono:

- un sistema Flat Tax per lavoratori autonomi (quindi partita iva) per redditi fino a 100.000 € e aliquota al 15%;
- un sistema Flat Tax per tutte le categorie di lavoratori, indipendentemente dal reddito, e aliquota al 23%.

Facciamo a questo punto un assunto base che ci permette di semplificare sia i calcoli e sia anche il confronto con il sistema fiscale progressivo. La nostra ipotesi sarà quella di valutare il sistema Flat Tax applicato a tutte le categorie di contribuenti indipendentemente dal reddito. Valuteremo due scenari possibili rispettivamente con aliquote al 15% (applicato a tutte le fasce di reddito) e aliquota al 23% (applicato a tutte le fasce di reddito). Come nel caso della valutazione del sistema progressivo non teniamo conto di eventuali detrazioni per semplificare l'illustrazione dei concetti. In seguito nel capitolo relativo al confronto fra i sistemi progressivo e flat tax cercheremo di capire quale dei due sistemi risulta più equo e a quali condizioni.

3.2 Esempi di calcolo della tassazione

Faremo ora 3 esempi di calcolo dell'imposta usando differenti redditi imponibili. In particolar modo mi vorrei soffermare su un reddito basso (7.000 €), uno medio (30.000 €) e un reddito alto (200.000 €).

ESEMPIO 1. Il primo esempio si basa su una base imponibile di 7.000 €. Il calcolo è stato riportato in Fig 12. La prima voce è rappresentata dal reddito imponibile (riga I). Alla riga II è possibile vedere l'aliquota usata. Nel calcolo a sinistra è stata usata l'aliquota del 15% mentre a destra l'aliquota del 23%. La riga III riporta l'imposta totale da versare all'erario e alla riga IV vi è il reddito netto.

I. Reddito imponibile	7.000 €		I. Reddito imponibile	7.000 €
II aliquota	15%		II aliquota	23%
III Imposta totale	1.050 €		III Imposta totale	1.610 €
IV Reddito netto	5.950 €		IV Reddito netto	5.390 €

Figura 12

La prima evidenza rispetto al sistema progressivo è l'enorme semplificazione del calcolo fiscale. Non esistono gli scaglioni di contribuzione ma un'unica fascia. L'analogo calcolo fatto con il sistema contributivo progressivo (vedi Fig 8) riportava una imposta totale da versare all'erario pari a 1610 €. In questo caso l'utilizzo di una flat tax al 15% permette al contribuente di trattenere 560 € mentre con una flat tax al 23% non si ha alcun risparmio.

ESEMPIO 2. Il secondo esempio si basa su una base imponibile di 30.000 €. Il calcolo è stato riportato in Fig 13. La prima voce è rappresentata dal reddito imponibile (riga I). Alla riga II è possibile vedere l'aliquota usata. Nel calcolo a sinistra è stata usata l'aliquota del 15% mentre a destra l'aliquota del 23%. La riga III riporta l'imposta totale da versare all'erario e alla riga IV vi è il reddito netto.

I. Reddito imponibile	30.000 €		I. Reddito imponibile	30.000 €
II aliquota	15%		II aliquota	23%
III Imposta totale	4.500 €		III Imposta totale	6.900 €
IV Reddito netto	25.500 €		IV Reddito netto	23.100 €

Figura 13

L'analogo calcolo fatto con il sistema contributivo progressivo (vedi Fig 9) riportava una imposta totale da versare all'erario pari a 7400 €. In questo caso l'utilizzo di una flat tax al 15% permette al contribuente di trattenere 2900 € mentre con una flat tax al 23% si ha un risparmio di 500 €.

ESEMPIO 3. Il terzo esempio si basa su una base imponibile di 200.000 €. Il calcolo è stato riportato in Fig 14. La prima voce è rappresentata dal reddito imponibile (riga I). Alla riga II è possibile vedere l'aliquota usata. Nel calcolo a sinistra è stata usata l'aliquota del 15% mentre a destra l'aliquota del 23%. La riga III riporta l'imposta totale da versare all'erario e alla riga IV vi è il reddito netto.

I. Reddito imponibile	200.000 €
II aliquota	15%
III Imposta totale	30.000 €
IV Reddito netto	170.000 €

I. Reddito imponibile	200.000 €
II aliquota	23%
III Imposta totale	46.000 €
IV Reddito netto	154.000 €

Figura 14

L'analogo calcolo fatto con il sistema contributivo progressivo (vedi Fig 10) riportava una imposta totale da versare all'erario pari a 78.900 €. In questo caso l'utilizzo di una flat tax al 15% permette al contribuente di trattenere 48.900 € mentre con una flat tax al 23% si ha un risparmio di 32.900 €.

Fig 15 riporta un breve sommario relativo agli esempi di calcolo trattati finora.

FLAT TAX ! USARE CON CAUTELA

	PROGRESSIVO			FLAT TAX 15%			FLAT TAX 23%		
	Esempio 1	Esempio 2	Esempio 3	Esempio 1	Esempio 2	Esempio 3	Esempio 1	Esempio 2	Esempio 3
I. Reddito imponibile	7.000 €	30.000 €	200.000 €	7.000 €	30.000 €	200.000 €	7.000 €	30.000 €	200.000 €
II. imposta scaglione/i prec.	0	6700	14400						
III. aliquota	23%	35%	43%	15%	15%	15%	23%	23%	23%
IV. imposta di fascia	1.610 €	700 €	64.500 €						
V. Imposta totale	1.610 €	7.400 €	78.900 €	1.050 €	4.500 €	30.000 €	1.610 €	6.900 €	46.000 €
VI. Reddito netto	5.390 €	22.600 €	121.100 €	5.950 €	25.500 €	170.000 €	5.390 €	23.100 €	154.000 €
VII Totale versato erario			87.910 €			35.550 €			54.510 €
Variazione						-60%			-38%

Figura 15

Ci sono tre cose da rimarcare:

- con il sistema flat tax il contribuente ha la possibilità di risparmiare sulle tasse da versare all'erario;
- come ovvio il maggior risparmio è attribuibile ai redditi più alti;
- si riduce sensibilmente il tributo totale versato all'erario da tutti i contribuenti.

Alla fine si può notare che il passaggio da un sistema progressivo ad uno flat tax rappresenta un vantaggio per il contribuente poiché gli permette di aumentare il reddito netto. Naturalmente sono necessarie ulteriori valutazioni che faremo nel capitolo dedicato al confronto fra i due sistemi, progressivo e flat tax.

4 CONFRONTO FRA SISTEMA DI TASSAZIONE PROGRESSIVO E FLAT TAX

In questo capitolo si provvede a fare un confronto dettagliato fra il sistema di tassazione progressivo in vigore in Italia e l'alternativa Flat Tax con aliquote al 15% e 23%. Ognuno dei due sistemi ha un impatto diretto sulla retribuzione di ogni contribuente e sul prelievo fiscale da parte dell'erario. Di conseguenza nel fare il confronto saranno tenute in considerazione anche gli aspetti di equità sociale e quelli di politica economica influenzati dall'applicazione di un sistema piuttosto che un altro. Prima ancora di procedere al confronto vero e proprio è necessario rimodulare il livello di tassazione progressivo specifico per le 7 fasce reddituali che erano state viste in Fig 2 in modo da renderle confrontabili con le altre del flat tax. In particolare le fasce erano le seguenti:

- FASCIA 1 (con reddito tra 0 e 10.000 €)
- FASCIA 2 (con reddito tra 10.000 € - 15.000 €)
- FASCIA 3 (con reddito tra 15.000 € - 26.000 €)
- FASCIA 4 (con reddito tra 26.000 € e 55.000 €)
- FASCIA 5 (con reddito tra 55.000 € e 75.000 €)
- FASCIA 6 (con reddito tra 75.000 € e 120.000 €)
- FASCIA 7 (con reddito oltre i 120.000 €)

Per rimodulare il livello di tassazione progressivo si applica il calcolo in questione ai valori di reddito 10.000 €, 15.000€, 26.000 €, 55.000 €, 75.000 € e 120.000€ poiché individuano i limiti estremi di ogni fascia. Il valore di imposta ottenuto va diviso poi per il rispettivo valore di reddito per calcolare l'imposta effettiva conseguente.

FLAT TAX ! USARE CON CAUTELA

Soglia reddito	Imposta	Aliquota effettiva
10.000 €	2.300 €	23%
15.000 €	3.450 €	23%
26.000 €	6.200 €	24%
55.000 €	16.550 €	30%
75.000 €	25.150 €	34%
120.000 €	44.500 €	37%
oltre		43%

Figura 16

Fig 16 riporta il calcolo descritto. Per ogni estremo è calcolato un valore di imposta effettiva applicata dal metodo progressivo. Quindi l'imposta che applicheremo, per eseguire il calcolo necessario, ad ogni fascia sarà la media aritmetica dei due estremi per ogni fascia ed il risultato è riportato in Fig 17.

Fascia	Aliquota
1	23%
2	23%
3	23,5%
4	27%
5	32%
6	35%
7	40%

Figura 17

Facciamo un esempio! Se riguardiamo Fig 2 alla Fascia 4 (26.000 € - 55.000 €) avevamo determinato un valore cumulativo nazionale per i redditi di quella fascia pari a 312 miliardi di euro. Fig 17 ci dice che mediamente a tutti questi redditi applicheremo una aliquota effettiva del 27%. Ciò ci permette di affermare che mediamente i contribuenti della fascia 4 hanno versato all'erario il 27% di 312 miliardi, ovvero circa 84 miliardi di euro. In maniera analoga è possibile ripetere il calcolo per le altre fasce. La rimodulazione delle aliquote per singola fascia è necessario solo per il sistema progressivo come ovvio poiché per il sistema flat tax si ha una singola tassa fissa per tutte le fasce di reddito. In accordo con la tabella di Fig 17 e i dati reddituali di Fig 2 è possibile calcolare il valore del gettito fiscale che si ha con l'attuale sistema di prelievo progressivo. Il risultato è esposto in Fig 18.

FASCIA	SISTEMA PROGRESSIVO CON ALIQUOTE 2022						
	0 - 10.000 euro	10.000 - 15.000 euro	15.000 - 26.000 euro	26.000 - 55.000 euro	55.000 - 75.000 euro	75.000 - 120.000 euro	120.000 euro e più
Reddito Totale (miliardi €)	55	67	243	312	56	62	69
Aliquota effettiva (%)	23%	23%	23,50%	27%	32%	35%	40%
GETTITO FISCALE (miliardi €)	13	15	57	84	18	22	28
TOTALE GETTITO FISCALE (miliardi €)	237						

Figura 18

La tabella in Fig 18 riporta il valore del gettito fiscale attualmente prelevato in ogni singola fascia. In totale tutti i contribuenti versano all'erario **237** miliardi di euro. Questo ultimo valore si considera come riferimento nel confronto che faremo con il sistema di prelievo flat tax. Al momento il sistema progressivo rappresenta un sistema che garantisce equità sociale poiché impone una tassa progressiva direttamente proporzionale al reddito percepito dal contribuente. E insieme alla equità permette all'erario di avere gli introiti (237 miliardi di euro) per coprire parte della spesa pubblica. Di conseguenza un sistema fiscale alternativo dovrebbe garantire almeno questi due ingredienti basilari.

4.1 Cosa cambia con la flat tax su base nazionale ?

Come prima alternativa applicheremo il modello Flat Tax con aliquota fissa al 15% (come visibile in Fig 19).

FLAT TAX ! USARE CON CAUTELA

FASCIA	SISTEMA FLAT TAX CON ALIQUOTA AL 15%						
	0 - 10.000 euro	10.000 - 15.000 euro	15.000 - 26.000 euro	26.000 - 55.000 euro	55.000 - 75.000 euro	75.000 - 120.000 euro	120.000 euro e più
Reddito Totale (miliardi €)	55	67	243	312	56	62	69
Aliquota effettiva (%)	15%	15%	15%	15%	15%	15%	15%
GETTITO FISCALE (miliardi €)	8	10	36	47	8	9	10
Variazione (%)	-35%	-35%	-36%	-44%	-53%	-57%	-63%
TOTALE GETTITO FISCALE (miliardi €)	130						

Figura 19

Rispetto al modello progressivo si possono fare le seguenti considerazioni:

- si assiste ad una riduzione sostanziale del gettito fiscale totale che passa da 237 miliardi € a 130 miliardi € (significa una riduzione del 45%). Ciò significa che l'implementazione di un sistema flat tax impone il recupero di 107 miliardi € con qualche azione fiscale aggiuntiva (es prelievo fiscale mediante una nuova tassa, nuovo debito con emissione di bond ecc);
- tutte le fasce reddituali godono di una tassazione più bassa;
- il sistema flat tax al 15% non è dotato di equità sociale. Infatti i redditi più bassi (quelli fino a 26.000 €) godono di una riduzione delle tasse pari al 35% mentre per i redditi più alti (da 75.000 € in poi) il risparmio fiscale sale addirittura al 60%.

La seconda alternativa è il modello flat tax con aliquota al 23% (come visibile in Fig 20).

FLAT TAX ! USARE CON CAUTELA

FASCIA	SISTEMA FLAT TAX CON ALIQUOTA AL 23%						
	0 - 10.000 euro	10.000 - 15.000 euro	15.000 - 26.000 euro	26.000 - 55.000 euro	55.000 - 75.000 euro	75.000 - 120.000 euro	120.000 euro e più
Reddito Totale (miliardi €)	55	67	243	312	56	62	69
Aliquota effettiva (%)	23%	23%	23%	23%	23%	23%	23%
GETTITO FISCALE (miliardi €)	13	15	56	72	13	14	16
Variazione (%)	0%	0%	-2%	-15%	-28%	-34%	-43%
TOTALE GETTITO FISCALE (miliardi €)	199						

Figura 20

Rispetto al modello progressivo si possono fare le seguenti considerazioni:

- si assiste ad una riduzione non più esagerata del gettito fiscale totale che passa da 237 miliardi € a 199 miliardi € (significa una riduzione del 16%). Ciò significa che l'implementazione di un sistema flat tax impone il recupero di 38 miliardi € con qualche azione fiscale aggiuntiva (es prelievo fiscale mediante una nuova tassa, nuovo debito con emissione di bond, nuovi investimenti ad alta redditività ecc);

- non tutte le fasce reddituali godono di una tassazione più bassa. Infatti i redditi più bassi fino 26.000 € non avranno alcun vantaggio dall'uso di un sistema piuttosto che un altro;

- il sistema flat tax al 23% non è dotato di equità sociale. Infatti i redditi più bassi (quelli fino a 26.000 €) non godono di alcuna riduzione delle tasse mentre per i redditi più alti (da 75.000 € in poi) il risparmio fiscale sale addirittura sopra il 30%.

Come visto il sistema flat tax se implementato ha bisogno di alcune correzioni. In particolar modo il sistema di prelievo flat tax va coadiuvato con azioni aggiuntive che permettano il recupero del gettito mancante e per garantire una maggiore equità sociale.

4.2 Cosa cambia con la flat tax su base regionale ?

L'analisi su base regionale è fatta su 3 macro aree NORD, CENTRO, SUD E ISOLE. L'area NORD comprende Piemonte, Valle d'Aosta, Liguria, Lombardia, Trentino-Alto-Adige, Veneto, Friuli-Venezia-Giulia, Emilia Romagna. L'area CENTRO comprende Toscana, Umbria, Marche, Lazio, Abruzzo, Molise. L'area SUD e ISOLE comprende Campania, Puglia, Basilicata, Calabria, Sicilia, Sardegna.

SISTEMA PROGRESSIVO. Con il sistema progressivo l'analisi mostra il seguente scenario. Fig 21 riporta i dati del prelievo fiscale relativo all'area NORD.

FASCIA	SISTEMA PROGRESSIVO CON ALIQUOTE 2022 - NORD						
	0 - 10.000 euro	10.000 - 15.000 euro	15.000 - 26.000 euro	26.000 - 55.000 euro	55.000 - 75.000 euro	75.000 - 120.000 euro	120.000 euro e più
Reddito Totale (miliardi €)	22	31	135	174	33	36	45
Aliquota effettiva (%)	23%	23%	23,50%	27%	32%	35%	40%
GETTITO FISCALE (miliardi €)	5	7	32	47	11	12	18
TOTALE GETTITO FISCALE (miliardi €)	132						

Figura 21 Area NORD

Fig 22 riporta i dati di prelievo fiscale per l'area CENTRO.

FLAT TAX ! USARE CON CAUTELA

FASCIA	SISTEMA PROGRESSIVO CON ALIQUOTE 2022 -CENTRO						
	0 - 10.000 euro	10.000 - 15.000 euro	15.000 - 26.000 euro	26.000 - 55.000 euro	55.000 - 75.000 euro	75.000 - 120.000 euro	120.000 euro e più
Reddito Totale (miliardi €)	12	17	54	73	14	16	16
Aliquota effettiva (%)	23%	23%	23,50%	27%	32%	35%	40%
GETTITO FISCALE (miliardi €)	3	4	13	20	4	5	7
TOTALE GETTITO FISCALE (miliardi €)	55						

Figura 22 Area CENTRO

Fig 23 riporta i dati di prelievo fiscale per l'area SUD e ISOLE.

FASCIA	SISTEMA PROGRESSIVO CON ALIQUOTE 2022 - SUD E ISOLE						
	0 - 10.000 euro	10.000 - 15.000 euro	15.000 - 26.000 euro	26.000 - 55.000 euro	55.000 - 75.000 euro	75.000 - 120.000 euro	120.000 euro e più
Reddito Totale (miliardi €)	20	20	53	65	10	11	7
Aliquota effettiva (%)	23%	23%	23,50%	27%	32%	35%	40%
GETTITO FISCALE (miliardi €)	5	5	13	17	3	4	3
TOTALE GETTITO FISCALE (miliardi €)	49						

Figura 23 Area SUD e ISOLE

FLAT TAX AL 15%. Passando al sistema Flat Tax con aliquota al 15% si ottiene il seguente scenario. Fig 24 riporta i dati relativi all'area NORD. Come è possibile vedere il prelievo passa da 132 miliardi euro a 72 miliardi euro nel raffronto con il sistema progressivo.

FLAT TAX ! USARE CON CAUTELA

FASCIA	SISTEMA FLAT TAX CON ALIQUOTA 15% - NORD						
	0 - 10.000 euro	10.000 - 15.000 euro	15.000 - 26.000 euro	26.000 - 55.000 euro	55.000 - 75.000 euro	75.000 - 120.000 euro	120.000 euro e più
Reddito Totale (miliardi €)	22	31	135	174	33	36	45
Aliquota effettiva (%)	15%	15%	15%	15%	15%	15%	15%
GETTITO FISCALE (miliardi €)	3	5	20	26	5	5	7
TOTALE GETTITO FISCALE (miliardi €)	72						

Figura 24 Area NORD

Fig 25 riporta i dati relativi all'area CENTRO e qui il prelievo passa da 55 miliardi di euro a 30 miliardi di euro.

FASCIA	SISTEMA FLAT TAX CON ALIQUOTA 15% - CENTRO						
	0 - 10.000 euro	10.000 - 15.000 euro	15.000 - 26.000 euro	26.000 - 55.000 euro	55.000 - 75.000 euro	75.000 - 120.000 euro	120.000 euro e più
Reddito Totale (miliardi €)	12	17	54	73	14	16	16
Aliquota effettiva (%)	15%	15%	15%	15%	15%	15%	15%
GETTITO FISCALE (miliardi €)	2	2	8	11	2	2	2
TOTALE GETTITO FISCALE (miliardi €)	30						

Figura 25 Area CENTRO

Fig 26 riporta i dati relativi all'area SUD e ISOLE e qui il prelievo passa da 49 miliardi di euro a 28 miliardi di euro.

FASCIA	SISTEMA FLAT TAX CON ALIQUOTA 15% - SUD E ISOLE						
	0 - 10.000 euro	10.000 - 15.000 euro	15.000 - 26.000 euro	26.000 - 55.000 euro	55.000 - 75.000 euro	75.000 - 120.000 euro	120.000 euro e più
Reddito Totale (miliardi €)	20	20	53	65	10	11	7
Aliquota effettiva (%)	15%	15%	15%	15%	15%	15%	15%
GETTITO FISCALE (miliardi €)	3	3	8	10	1	2	1
TOTALE GETTITO FISCALE (miliardi €)	28						

Figura 26 Area SUD e ISOLE

Sommariamente valgono le stesse considerazioni viste nel caso dell'analisi fatta su base nazionale. Infatti è un sistema poco equo in quanto il maggior risparmio fiscale è riservato ai redditi di maggiore entità. Il sistema va coadiuvato con opportune altre azioni (o correzioni) per colmare sia il gap relativo alla equità ma anche per compensare l'ammanco di prelievo fiscale.

FLAT TAX AL 23%. Passando al sistema Flat Tax con aliquota al 23% si ottiene il seguente scenario.

Fig 27 riporta i dati relativi all'area NORD. Come è possibile vedere il prelievo passa da 132 miliardi euro a 110 miliardi euro nel raffronto con il sistema progressivo.

FASCIA	SISTEMA FLAT TAX CON ALIQUOTA 23% - NORD						
	0 - 10.000 euro	10.000 - 15.000 euro	15.000 - 26.000 euro	26.000 - 55.000 euro	55.000 - 75.000 euro	75.000 - 120.000 euro	120.000 euro e più
Reddito Totale (miliardi €)	22	31	135	174	33	36	45
Aliquota effettiva (%)	23%	23%	23%	23%	23%	23%	23%
GETTITO FISCALE (miliardi €)	5	7	31	40	8	8	10
TOTALE GETTITO FISCALE (miliardi €)	110						

Figura 27 Area NORD

Fig 28 riporta i dati relativi all'area CENTRO e qui il prelievo passa da 55 miliardi di euro a 46 miliardi di euro.

FASCIA	SISTEMA FLAT TAX CON ALIQUOTA 23% - CENTRO						
	0 - 10.000 euro	10.000 - 15.000 euro	15.000 - 26.000 euro	26.000 - 55.000 euro	55.000 - 75.000 euro	75.000 - 120.000 euro	120.000 euro e più
Reddito Totale (miliardi €)	12	17	54	73	14	16	16
Aliquota effettiva (%)	23%	23%	23%	23%	23%	23%	23%
GETTITO FISCALE (miliardi €)	3	4	12	17	3	4	4
TOTALE GETTITO FISCALE (miliardi €)	46						

Figura 28 Area CENTRO

Fig 29 riporta i dati relativi all'area SUD e ISOLE e qui il prelievo passa

FLAT TAX ! USARE CON CAUTELA

da 49 miliardi di euro a 43 miliardi di euro.

FASCIA	SISTEMA FLAT TAX CON ALIQUOTA 23% - SUD E ISOLE						
	0 - 10.000 euro	10.000 - 15.000 euro	15.000 - 26.000 euro	26.000 - 55.000 euro	55.000 - 75.000 euro	75.000 - 120.000 euro	120.000 euro e più
Reddito Totale (miliardi €)	20	20	53	65	10	11	7
Aliquota effettiva (%)	23%	23%	23%	23%	23%	23%	23%
GETTITO FISCALE (miliardi €)	5	5	12	15	2	2	2
TOTALE GETTITO FISCALE (miliardi €)	43						

Figura 29 Area SUD e ISOLE

4.3 Cosa cambia con la flat tax al singolo stipendio ?

Se guardiamo al singolo stipendio si ottiene lo scenario visibile in Fig 30. Nella prima colonna a sinistra sono stati riportati diversi valori di imponibile contributivo (da 0 € fino ad 1 M€) e la relativa imposta da versare all'erario mediante il sistema progressivo. Nella colonna centrale sono riportati in sequenza l'imposta che il contribuente versa con flat tax al 15%, la variazione percentuale dall'imposta relativa al sistema progressivo, la variazione assoluta dall'imposta relativa al sistema progressivo. Nella colonna a destra sono riportati in sequenza l'imposta che il contribuente versa con flat tax al 23%, la variazione percentuale dall'imposta relativa al sistema progressivo, la variazione assoluta dall'imposta relativa al sistema progressivo.

PROGRESSIVO		FLAT TAX AL 15%			FLAT TAX AL 23%		
Imponibile	Imposta al 2022	Imposta	Variazione %	Variazione ass	Imposta	Variazione %	Variazione ass
- €	- €	- €	- €	- €	- €	- €	- €
5.000 €	1.150 €	750 €	-35%	400 €	1.150 €	0%	- €
10.000 €	2.300 €	1.500 €	-35%	800 €	2.300 €	0%	- €
15.000 €	3.450 €	2.250 €	-35%	1.200 €	3.450 €	0%	- €
20.000 €	4.700 €	3.000 €	-36%	1.700 €	4.600 €	-2%	100 €
25.000 €	5.950 €	3.750 €	-37%	2.200 €	5.750 €	-3%	200 €
30.000 €	7.440 €	4.500 €	-40%	2.940 €	6.900 €	-7%	540 €
35.000 €	9.190 €	5.250 €	-43%	3.940 €	8.050 €	-12%	1.140 €
40.000 €	10.940 €	6.000 €	-45%	4.940 €	9.200 €	-16%	1.740 €
45.000 €	12.690 €	6.750 €	-47%	5.940 €	10.350 €	-18%	2.340 €
50.000 €	14.440 €	7.500 €	-48%	6.940 €	11.500 €	-20%	2.940 €
55.000 €	16.550 €	8.250 €	-50%	8.300 €	12.650 €	-24%	3.900 €
60.000 €	18.700 €	9.000 €	-52%	9.700 €	13.800 €	-26%	4.900 €
65.000 €	20.850 €	9.750 €	-53%	11.100 €	14.950 €	-28%	5.900 €
70.000 €	23.000 €	10.500 €	-54%	12.500 €	16.100 €	-30%	6.900 €
75.000 €	25.150 €	11.250 €	-55%	13.900 €	17.250 €	-31%	7.900 €
80.000 €	27.300 €	12.000 €	-56%	15.300 €	18.400 €	-33%	8.900 €
85.000 €	29.450 €	12.750 €	-57%	16.700 €	19.550 €	-34%	9.900 €
90.000 €	31.600 €	13.500 €	-57%	18.100 €	20.700 €	-34%	10.900 €
95.000 €	33.750 €	14.250 €	-58%	19.500 €	21.850 €	-35%	11.900 €
100.000 €	35.900 €	15.000 €	-58%	20.900 €	23.000 €	-36%	12.900 €
105.000 €	38.050 €	15.750 €	-59%	22.300 €	24.150 €	-37%	13.900 €
110.000 €	40.200 €	16.500 €	-59%	23.700 €	25.300 €	-37%	14.900 €
115.000 €	42.350 €	17.250 €	-59%	25.100 €	26.450 €	-38%	15.900 €
120.000 €	44.500 €	18.000 €	-60%	26.500 €	27.600 €	-38%	16.900 €
200.000 €	78.900 €	30.000 €	-62%	48.900 €	46.000 €	-42%	32.900 €
500.000 €	207.900 €	75.000 €	-64%	132.900 €	115.000 €	-45%	92.900 €
1.000.000 €	422.900 €	150.000 €	-65%	272.900 €	230.000 €	-46%	192.900 €

Figura 30

I redditi evidenziati in giallo sono quelli che consideriamo per fare le valutazioni e trarne le relative conclusioni.

I redditi 10.000 € e 30.000 € sono rappresentativi delle fasce medio basse.

I redditi 55.000 € e 75.000 € sono rappresentativi delle fasce medie.

I redditi 100.000 € e 1.000.000 € sono rappresentativi delle fasce medio alte.

Vediamo ora cosa succede alle fasce sociali interessate dai redditi evidenziati.

REDDITI DA 10.000 € E FLAT TAX AL 15%. Con il sistema progressivo questa fascia reddituale andrà a pagare 2.300 €. Quindi avrà uno stipendio netto pari 7.700 €/anno o 642 €/mese (ricordiamoci che per semplicità espositiva non stiamo considerando le detrazioni che spettano a tale fascia reddituale). Con il sistema flat tax al 15% questa fascia reddituale andrebbe a pagare 1.500 € di imposta con un risparmio monetario pari a 800 € (ovvero il 35%). Di sicuro il contribuente in questione avrebbe giovamento della flat tax poiché 800 € rappresentano una mensilità aggiuntiva nell'arco dell'anno. 800 € è il valore monetario di quanto una famiglia spende mediamente in un mese per gli acquisti di generi alimentari. Quindi per un mese all'anno il contribuente sarebbe in regola con le esigenze personali e/o familiari. E per i restanti 11 mesi ? Con il sistema flat tax al 23% non c'è alcune variazione rispetto al sistema progressivo.

REDDITI DA 30.000 € E FLAT TAX AL 15%. Con il sistema progressivo questa fascia reddituale andrà a pagare 7.440 €. Quindi avrà uno stipendio netto pari a 22.560 €/anno o 1.880 €/mese (senza contare anche in questo caso le detrazioni IRPEF che sono state omesse). Con il sistema flat tax al 15% questa tipologia di contribuente andrebbe a pagare 4.500 € di imposta con un risparmio monetario pari 2.940 € (ovvero il 40%) ritrovandosi uno stipendio netto da 2.125 €/mese. Questa tipologia di contribuente avrebbe un grande vantaggio. Infatti in percentuale ha avuto un risparmio nel periodo di imposta molto simile, in percentuale, al contribuente che aveva un imponibile da 10.000 € (40% contro 35%) ma se guardiamo al valore assoluto del risparmio monetario sono 2.940 € contro 800 €. Un bel vantaggio per il contribuente da 30.000 € ! Il problema non è il fatto che il contribuente da 30.000 € risparmia più di 3 volte quanto risparmia il contribuente da 10.000 €. Il vero problema è una non equità del sistema già all'interno delle stesse fasce medio basse. Per meglio intenderci proviamo ad immaginarci due nuclei familiari con 2 figli a carico. Il primo nucleo ha un reddito da 10.000 € e il secondo un reddito da 30.000 €. Come abbiamo visto a conti fatti il primo nucleo risparmierebbe 800 € in un anno mentre il secondo 2.940 € nello stesso anno fiscale. Se teniamo conto del fatto che la spesa media per un nucleo familiare la spesa per generi alimentari si aggira intorno agli 800 €/mese, il nucleo più povero non avrebbe problemi per 1 solo mese mentre il secondo nucleo, con un reddito più alto, avrebbe in regalo 3 mesi di fornitura di generi alimentari. Quindi chi è nella fascia più alta ha più risparmio monetario... non sembra molto corretto da dire a chi per vari motivi è costretto a vivere con un reddito più basso. Ma pensiamo anche ad una semplice vacanza. Nel mentre il primo nucleo con il regalo da 800 € potrebbe sopperire a qualche spesa, il secondo nucleo con 2.940 € può fare una vacanza in qualche resort 4 stelle per quattro persone. A mio modesto avviso una tale situazione non sembra equa nemmeno per la Convenzione internazionale sui diritti economici, sociali e culturali[11] di cui l'Italia è firmataria.

Infatti l'art. 11 sancisce che

… FLAT TAX ! USARE CON CAUTELA

> *"Gli Stati parti del presente Patto riconoscono il diritto di ciascuno a un tenore di vita adeguato per sé e per la sua famiglia, compresi cibo, vestiti e alloggi adeguati, e al miglioramento continuo delle condizioni di vita. Gli Stati Parte adotteranno le misure appropriate per garantire l'attuazione di tale diritto, riconoscendo a tal fine l'importanza essenziale della cooperazione internazionale basata sul libero consenso."*

Quindi l'applicazione della flat tax al 15% senza alcun correttivo fiscale potrebbe creare disuguaglianze sociali e probabilmente anche problemi legati alla sicurezza del cittadino. E la disuguaglianza peggiora al salire dell'imponibile reddituale. Infatti il contribuente con un reddito di 55.000 € risparmierebbe 8.300 € portando il suo stipendio netto da 3.204 €/mese a 3.896 €/mese. Con 8.300 € di risparmio può pagare la retta annuale ai figli in un istituto di formazione privato. Il contribuente con reddito di 75.000 € risparmiando 13.900 € incrementa lo stipendio netto da 4.154 €/mese a 5.313 €/mese. Questo contribuente può tranquillamente acquistare una nuova utilitaria. Il contribuente con reddito 100.000 € risparmierebbe 20.900 € in un anno facendo lievitare lo stipendio netto da 5.342 €/mese a 7.083 €/mese. Questo contribuente potrebbe pensare di fare un investimento in una start up con il risparmio fiscale. Il contribuente da 1.000.000 € risparmia 272.900 €. Addirittura questo contribuente potrebbe comprarsi un appartamento in centro a Bologna e metterlo a rendita. Provate in autonomia a valutare l'incremento di stipendio netto in questo caso. Con questo sistema i contribuenti più abbienti diventano ancora più benestanti. Ok!

Quindi molti contribuenti fortunati rinnoveranno il parco auto, faranno degli investimenti, prenoteranno delle vacanze di lusso, faranno delle donazioni… ovvero aumenteranno i consumi e si avrà un ritorno indiretto per lo stato in modo da redistribuire un po' di quella ricchezza sulla fasce più deboli. Ma siamo sicuri che succeda questo ? Se gran parte invece decide di risparmiare il denaro, o metterlo in dei fondi non tracciati (si pensi un attimo alle criptovalute), o metterli in dei paradisi fiscali (e quando parlo di paradisi fiscali non intendo solo quelli in luoghi esotici ma anche quelli che sono nella stessa Europa... Olanda, Irlanda e Cipro per fare un esempio). A questo punto non c'è più redistribuzione del reddito, equità. Ma siamo sicuri che alla fine i redditi dichiarati siano veritieri? Non c'è nessuna certezza che l'abbassamento delle tasse al 15% sia un buon deterrente per eliminare l'evasione fiscale. E qui entrano in gioco gli elementi di un paese che potrebbero rendere fertile il terreno per far implementare il sistema flat tax e aumentare il PIL:

- Lotta all'evasione
- Nuove leggi sulla competitività
- Digitalizzazione completa delle procedure amministrative in modo da tracciare introiti ed esborsi non solo delle grandi aziende ma anche di quelle medio-piccole
- Accesso della popolazione alle tecnologie digitali e banda larga in ogni punto del paese
- Educazione della popolazione alla legalità
- Istruzione della popolazione fino ai gradi alti (laurea)
- Riduzione dell'analfabetismo funzionale nella popolazione
- Dialogo e integrazione interculturale
- Gender gap
- Revisione dei contratti nazionali del lavoro

L'elenco non è in ordine di importanza. Ogni esecutivo avrà l'onere di stabilirne le priorità. Questi elementi permettono la creazione di un ambiente di lavoro "giusto ed equo" in cui le persone sono ben istruite ad operare nella legalità e nel rispetto verso il prossimo. Se prima non creiamo le condizioni favorevoli ad un ambiente lavorativo giusto ed equo, non ha senso implementare un sistema fiscale con un aliquota più bassa. Fig 30 riporta anche la valutazione del caso in cui si applica un'aliquota del 23% come flat tax. Le considerazioni che si possono fare sono analoghe al caso con aliquota al 15%. I redditi più alti hanno un maggior vantaggio e di certo non ci sono certezze su una redistribuzione del reddito verso chi non ottiene vantaggi da un sistema fiscale flat tax.

5 POSSIBILI ALTRE ALTERNATIVE

Sistema a doppia aliquota

Una delle possibili alternative che si potrebbe implementare, nel breve periodo, per i redditi di tutti contribuenti è un sistema a doppia aliquota con la presenza di una no tax area:

- No tax area per i redditi fino a 10.000 €;
- Prima aliquota di 22.5% per i redditi da 10.001 € a 55.000 €;
- Seconda aliquota di 31.5% per i redditi da 55.000 € in su.

Fig 31 riporta il prospetto che si avrebbe nell'applicare tale sistema fiscale. Come è possibile vedere tutte le fasce di reddito godono di un abbassamento più bilanciato del livello di tassazione rispetto ai casi visti per il sistema con flat tax fissa al 15% e 23% per tutti i redditi. E' stata inserita una no tax area estesa fino ai 10.000 €.

FASCIA	SISTEMA DOUBLE FLAT TAX						
	0 - 10.000 euro	10.000 - 15.000 euro	15.000 - 26.000 euro	26.000 - 55.000 euro	55.000 - 75.000 euro	75.000 - 120.000 euro	120.000 euro e più
Reddito Totale (miliardi €)	55	67	243	312	56	62	69
Aliquota effettiva (%)	0%	22,5%	22,5%	22,5%	31,5%	31,5%	31,5%
GETTITO FISCALE (miliardi €)	0	15	55	70	18	20	22
Variazione (%)	-100%	-2%	-4%	-17%	-2%	-10%	-21%
TOTALE GETTITO FISCALE (miliardi €)	199						

Figura 31

Nel sistema a doppia aliquota io ci vedo degli spunti di miglioramento per l'attuale fiscalità.

In primis evita delle disuguaglianze sociali poiché come è visibile in Fig 31 ai redditi più alti viene ad essere attribuito un risparmio max del 21% che è molto differente dal risparmio fiscale che arriva al 60% nel caso in cui si adoperi un sistema flat tax del 15% o 23%.

E' vero che ci sono delle fasce reddituali più basse (da 10.000 € a 26.000 €) che hanno un risparmio fiscale minore ma è possibile prevedere per essi la classica lista di detrazioni che permettono loro di ridurre la quota di prelievo fiscale.

C'è anche un ulteriore elemento da avvalorare ed è legato alla no tax area. Infatti c'è attualmente un problema sociale legato alla gestione non adatta del Reddito di Cittadinanza per i cittadini senza lavoro. Quello che si può pensare di fare è di elaborare un unico ammortizzatore sociale erogando un Reddito Minimo pari a 10.000 €. Ovviamente il reddito minimo deve avere una durata max utile per incentivare chi ne usufruisce, la ricerca di un nuovo lavoro. Anche in questo caso un periodo max di 18 mesi potrebbe essere utile alla ricerca di un nuovo impiego. In ogni caso chi usufruisce del reddito minimo è un normale consumatore e come tale è soggetto all'IVA mediante gli acquisti e in maniera indiretta garantisce qualche ritorno all'erario. Infatti come detto tutto ciò che è al di sotto dei 10.000€ è no tax area.

Resta un ammanco di gettito fiscale pari 38 miliardi di euro rispetto al sistema fiscale progressivo attualmente attivo. Ma anche in questo caso per sopperire a tale mancanza si può fare affidamento ai seguenti elementi:

- PNRR;
- Incentivi per i redditi più alti (che hanno ottenuto un risparmio fiscale del 21%) ad effettuare consumi (e di conseguenza l'erario potrebbe recuperare mediante l'iva sugli acquisti);
- Incentivare i redditi più alti ad effettuare investimenti in asset statali/nazionali ad alto rendimento;
- Incentivare le imprese ad assumere personale in zona no tax area per riportarli nelle fasce 2 e 3. Anche in questo caso si può

pensare ad una modifica del cuneo fiscale e degli sgravi fiscali una tantum per chi assume.

6 CONCLUSIONI

FLAT TAX ! USARE CON CAUTELA

Abbiamo concluso la nostra discussione riguardo al sistema fiscale attualmente in uso e le varie alternative che vengono proposte. Personalmente non vedo un sistema giusto e uno sbagliato. A dire il vero esiste un sistema fiscale adatto ad ogni periodo storico di un paese. Finora il sistema progressivo è stato quello più equilibrato che ha permesso di eseguire il necessario prelievo fiscale e adottando delle aliquote bilanciate alle varie fasce di reddito. Il far parte di un mondo globale ci impone dei cambiamenti. Cambiamenti di mentalità, dei cambiamenti nelle regole costituzionali, dei cambiamenti radicali nei settori principali del nostro paese sia pubblici che privati. In questo periodo storico forse il sistema progressivo inizia a mostrare una problematica legata alla pressione fiscale non più sostenibile, soprattutto da parte dei redditi medio-bassi. E quindi bisognerebbe avere una revisione delle aliquote in modo da ridurre ulteriormente la pressione fiscale sui redditi dei contribuenti. Ovviamente con la certezza che un abbassamento delle aliquote non sia il preludio dell'inserimento di un'altra tassa. Il sistema fiscale Flat Tax sarebbe molto utile ma forse è troppo presto adottare tale strategia per il prelievo fiscale per le ragioni che abbiamo spiegato prima. Il passaggio dal sistema progressivo a quello flat tax può avvenire nel momento in cui la struttura del nostro paese è stata ammodernata. Un primo passo verso questo ammodernamento sono i 55 obiettivi del PNRR, elaborazione di un piano energetico di lungo periodo scegliendo il mix di tecnologie verso cui convergere (nucleare + rinnovabili?), revisione dei regolamenti a supporto della concorrenza, rinnovamento della pubblica amministrazione, riforma della giustizia. In questo momento c'è l'erogazione di aiuti comunitari che dovrebbero permetterci di pianificare e rendere esecutive le azioni specifiche per rinnovare il paese e renderlo più competitivo. E' logico che poi un paese competitivo avrà la necessità di rivedere anche il suo sistema fiscale e si potrà convergere verso un sistema flat tax o un sistema a doppia aliquota (come via di mezzo). Un esempio utile di flat tax al 15% è la Global tax che si applica alle multinazionali. La nascita della Global tax è stata possibile mediante un accordo trans-nazionale che ha interessato diverse nazioni. Mediante questo accordo è stato possibile tassare anche i flussi di capitali delle multinazionali prima che venissero veicolati verso i paradisi fiscali. Ma questa è un'altra storia.

BIBLIOGRAFIA

[1] Michael M. Phillips, Mortgage Bailout Infuriates Tenants (And Steve Forbes), in The Wall Street Journal, 16 maggio 2008

[2] Ricardo Varsano, Kevin Kim e Michael Keen, The "Flat Tax(es)": Principles and Evidence, in IMF Working Papers, vol. 06, n. 218, 2006

[3] Lado Rupnik, The Problems of Globalizing Personal Income Taxes, in Eastern European Economics, vol. 16, n. 2, 1977-12, pp. 73-9

[4] Value-Added Taxes in Central and Eastern European Countries, 9 ottobre 1998

[5] GENERAL PRINCIPLES OF EU TAX LAW, in Research Handbook on European Union Taxation Law, 2020, pp. 10-10,

[6] "Una flat-tax per l'Italia": per un nuovo rinascimento fiscale, su Fondazione Magna Carta

[7] Alvin Rabushka, The Flat Tax Is Picking Up Steam in Italy

[8] Koji Yokote e André Casajus, Weak differential monotonicity, flat tax, and basic income, in Economics Letters, vol. 151, 2017-02, pp. 100-103,

[9] IMF. Fiscal Affairs Dept., Fiscal Monitor, October 2013: Taxing Times, in Fiscal Monitor, 2013

[10] Stuart Adam e James Browne, Options for a UK 'flat tax': some simple simulations, Institute for Fiscal Studies, 11 agosto 2006

[11] https://www.ohchr.org/en/instruments-mechanisms/instruments/international-covenant-economic-social-and-cultural-rights

[12] Alan Friedman, Il Prezzo del futuro, La nave di Teseo, Aprile 2022

[13] Nouriel Rubini, Stephen Mihm, Crisis economics, Penguin, May 2010

[14] Olivier Blanchard, Macroeconomics – Global Edition, Pearson 8th edition, June 2020

[15] Alec Ross, I furiosi anni venti. La guerra fra Stati, aziende e persone per un nuovo contratto sociale, Feltrinelli, Settembre 2021

[16] https://it.wikipedia.org/wiki/Storia_del_pensiero_economico

[17] https://it.wikipedia.org/wiki/Ciclo_economico

[18] Ian Bremmer, Il potere della crisi, EGEA, Luglio 2022

INFORMAZIONI SULL'AUTORE

Sono nato in nel 1979 in quella parte di Germania che allora veniva chiamata Repubblica Federale Tedesca, ovvero l'ultimo avamposto occidentale della NATO durante il periodo della Guerra Fredda. In Germania ho trascorso i miei primi 8 anni di vita, ho frequentato parte delle scuole elementari e quindi conosco abbastanza bene lingua e cultura tedesca. L'esperienza vissuta nei luoghi d'infanzia mi hanno segnato profondamente come persona in quanto ho avuto modo di assorbire da quella cultura il rispetto delle regole e per gli altri, la correttezza e il senso del dovere (oggi è sicuramente cambiato poiché il fenomeno della corruzione dilaga anche lì...).

I successivi 25 anni li ho trascorsi in Calabria nella terra di origine (io sono figlio di emigranti) poiché i miei genitori sul finire degli anni 80 del secolo scorso hanno voluto tornare in madre patria. Ho conseguito la laurea in Ingegneria Elettronica all'Università degli Studi della Calabria. Il mio lavoro di tesi è stato un molto entusiasmante poiché ho fatto sperimentazione per circa 6 mesi al Laboratorio di Nanotecnologie, vedendo dal vivo tecnologie e materiali innovativi di allora (era il 2007). Dopo la Laurea ho iniziato a lavorare fin da subito e negli ultimi 15 anni mi sono occupato di progettazione, riorganizzazione di reparti produttivi e gestione dei processi di insutrializzazione per componenti del settore automotive (motori elettrici e batterie al litio). Finore posso dire che mi sono divertito lavorativamente parlando. Durante questi anni mi sono pure sposato e abbiamo avuto due figli. E soprattutto ho mantenuto vivo il mio hobby principale: la lettura di libri. Quest anno ne ho voluto scrivere uno per diletto su un tema molto discusso negli ultimi 7/8 anni.

FLAT TAX ! USARE CON CAUTELA

www.ingramcontent.com/pod-product-compliance
Lightning Source LLC
Chambersburg PA
CBHW070310220526
45465CB00004B/1823